SONGBIRDS
of North America

16-MONTH WEEKLY ENGAGEMENT PLANNER
September 2012 – December 2013

Vermilion Flycatcher

Published by Sellers Publishing, Inc., South Portland, Maine

Astronomical information is in Eastern Standard Time.
Key to abbreviations: United States (US), Canada (Can.), United Kingdom (UK), Australia (Austrl.), New Zealand (NZ), New South Wales (NSW)

Songbirds are among North America's most colorful and melodious types of wildlife, and the presence of songbirds in your garden can be one of nature's greatest delights.

Based on our popular wall calendar, Sellers Publishing is pleased to present *Songbirds of North America* in our handy engagement format. Featuring stunning photography of songbirds in their natural habitat, this weekly calendar lists bird names below each photo. Perhaps you will spot one of these delightful singing beauties in your own back yard!

2012 Year-At-A-Glance

JANUARY

S	M	T	W	T	F	S
1	2	3	4	5	6	7
8	9	10	11	12	13	14
15	16	17	18	19	20	21
22	23	24	25	26	27	28
29	30	31				

FEBRUARY

S	M	T	W	T	F	S
			1	2	3	4
5	6	7	8	9	10	11
12	13	14	15	16	17	18
19	20	21	22	23	24	25
26	27	28	29			

MARCH

S	M	T	W	T	F	S
				1	2	3
4	5	6	7	8	9	10
11	12	13	14	15	16	17
18	19	20	21	22	23	24
25	26	27	28	29	30	31

APRIL

S	M	T	W	T	F	S
1	2	3	4	5	6	7
8	9	10	11	12	13	14
15	16	17	18	19	20	21
22	23	24	25	26	27	28
29	30					

MAY

S	M	T	W	T	F	S
		1	2	3	4	5
6	7	8	9	10	11	12
13	14	15	16	17	18	19
20	21	22	23	24	25	26
27	28	29	30	31		

JUNE

S	M	T	W	T	F	S
					1	2
3	4	5	6	7	8	9
10	11	12	13	14	15	16
17	18	19	20	21	22	23
24	25	26	27	28	29	30

JULY

S	M	T	W	T	F	S
1	2	3	4	5	6	7
8	9	10	11	12	13	14
15	16	17	18	19	20	21
22	23	24	25	26	27	28
29	30	31				

AUGUST

S	M	T	W	T	F	S
			1	2	3	4
5	6	7	8	9	10	11
12	13	14	15	16	17	18
19	20	21	22	23	24	25
26	27	28	29	30	31	

SEPTEMBER

S	M	T	W	T	F	S
						1
2	3	4	5	6	7	8
9	10	11	12	13	14	15
16	17	18	19	20	21	22
23	24	25	26	27	28	29
30						

OCTOBER

S	M	T	W	T	F	S
	1	2	3	4	5	6
7	8	9	10	11	12	13
14	15	16	17	18	19	20
21	22	23	24	25	26	27
28	29	30	31			

NOVEMBER

S	M	T	W	T	F	S
				1	2	3
4	5	6	7	8	9	10
11	12	13	14	15	16	17
18	19	20	21	22	23	24
25	26	27	28	29	30	

DECEMBER

S	M	T	W	T	F	S
						1
2	3	4	5	6	7	8
9	10	11	12	13	14	15
16	17	18	19	20	21	22
23	24	25	26	27	28	29
30	31					

September 2012

MONTH OVERVIEW

AUGUST						
S	M	T	W	T	F	S
			1	2	3	4
5	6	7	8	9	10	11
12	13	14	15	16	17	18
19	20	21	22	23	24	25
26	27	28	29	30	31	

OCTOBER						
S	M	T	W	T	F	S
	1	2	3	4	5	6
7	8	9	10	11	12	13
14	15	16	17	18	19	20
21	22	23	24	25	26	27
28	29	30	31			

SUNDAY	MONDAY	TUESDAY	WEDNESDAY	THURSDAY	FRIDAY	SATURDAY
26	27	28	29	30	31	1
2 Father's Day (Australia, NZ)	3 Labor Day (US, Canada)	4	5	6	7	8
9	10	11	12	13	14	15 ● New Moon
16 Rosh Hashanah begins at sundown	17	18	19	20	21 UN International Day of Peace	22 Autumnal Equinox
23/30	24	25 Yom Kippur begins at sundown	26	27	28	29 ○ Full Moon

Notes

Northern Cardinal

August/September

AUGUST						
S	M	T	W	T	F	S
			1	2	3	4
5	6	7	8	9	10	11
12	13	14	15	16	17	18
19	20	21	22	23	24	25
26	27	28	29	30	31	

OCTOBER						
S	M	T	W	T	F	S
	1	2	3	4	5	6
7	8	9	10	11	12	13
14	15	16	17	18	19	20
21	22	23	24	25	26	27
28	29	30	31			

27 MONDAY

Bank Holiday (UK)

28 TUESDAY

29 WEDNESDAY

30 THURSDAY

31 FRIDAY

○ FULL MOON

1 SATURDAY

2 SUNDAY

Father's Day (Australia, NZ)

Notes

Common Yellowthroat

September

AUGUST						
S	M	T	W	T	F	S
			1	2	3	4
5	6	7	8	9	10	11
12	13	14	15	16	17	18
19	20	21	22	23	24	25
26	27	28	29	30	31	

OCTOBER						
S	M	T	W	T	F	S
	1	2	3	4	5	6
7	8	9	10	11	12	13
14	15	16	17	18	19	20
21	22	23	24	25	26	27
28	29	30	31			

3 Monday

Labor Day
(US, Canada)

4 Tuesday

5 Wednesday

6 Thursday

7 Friday

8 Saturday

9 Sunday

Notes

American Robin

September

AUGUST						
S	M	T	W	T	F	S
			1	2	3	4
5	6	7	8	9	10	11
12	13	14	15	16	17	18
19	20	21	22	23	24	25
26	27	28	29	30	31	

OCTOBER						
S	M	T	W	T	F	S
	1	2	3	4	5	6
7	8	9	10	11	12	13
14	15	16	17	18	19	20
21	22	23	24	25	26	27
28	29	30	31			

10 MONDAY

11 TUESDAY

12 WEDNESDAY

13 THURSDAY

14 FRIDAY

15 SATURDAY

● NEW MOON

16 SUNDAY

Rosh Hashanah
begins at sundown

Notes

Varied Thrush

September

AUGUST						
S	M	T	W	T	F	S
			1	2	3	4
5	6	7	8	9	10	11
12	13	14	15	16	17	18
19	20	21	22	23	24	25
26	27	28	29	30	31	

OCTOBER						
S	M	T	W	T	F	S
	1	2	3	4	5	6
7	8	9	10	11	12	13
14	15	16	17	18	19	20
21	22	23	24	25	26	27
28	29	30	31			

17 MONDAY

18 TUESDAY

19 WEDNESDAY

20 THURSDAY

21 FRIDAY

UN International Day of Peace

22 SATURDAY

Autumnal Equinox

23 SUNDAY

Notes

2012

Barn Swallow

September

AUGUST						
S	M	T	W	T	F	S
			1	2	3	4
5	6	7	8	9	10	11
12	13	14	15	16	17	18
19	20	21	22	23	24	25
26	27	28	29	30	31	

OCTOBER						
S	M	T	W	T	F	S
	1	2	3	4	5	6
7	8	9	10	11	12	13
14	15	16	17	18	19	20
21	22	23	24	25	26	27
28	29	30	31			

24 MONDAY

25 TUESDAY

Yom Kippur
begins at sundown

26 WEDNESDAY

27 THURSDAY

28 FRIDAY

29 SATURDAY

○ FULL MOON

30 SUNDAY

Notes

October 2012

MONTH OVERVIEW

SEPTEMBER

S	M	T	W	T	F	S
						1
2	3	4	5	6	7	8
9	10	11	12	13	14	15
16	17	18	19	20	21	22
23	24	25	26	27	28	29
30						

NOVEMBER

S	M	T	W	T	F	S
				1	2	3
4	5	6	7	8	9	10
11	12	13	14	15	16	17
18	19	20	21	22	23	24
25	26	27	28	29	30	

Sunday	Monday	Tuesday	Wednesday	Thursday	Friday	Saturday
30	1 Labour Day (Canberra, NSW, S. Austrl.) Queen's Birthday (W. Australia)	2	3	4	5	6
7	8 Columbus Day (observed) Thanksgiving (Canada)	9	10	11	12	13
14	15 ● New Moon	16	17	18	19	20
21	22 Labour Day (New Zealand)	23	24	25	26	27
28	29 ○ Full Moon	30	31 Halloween	1	2	3

Notes

Curve-billed Thrasher

October

SEPTEMBER						
S	M	T	W	T	F	S
						1
2	3	4	5	6	7	8
9	10	11	12	13	14	15
16	17	18	19	20	21	22
23	24	25	26	27	28	29
30						

NOVEMBER						
S	M	T	W	T	F	S
				1	2	3
4	5	6	7	8	9	10
11	12	13	14	15	16	17
18	19	20	21	22	23	24
25	26	27	28	29	30	

1 Monday

Labour Day
(Canberra, NSW, S. Austrl.)

Queen's Birthday
(W. Australia)

2 Tuesday

3 Wednesday

4 Thursday

5 Friday

6 Saturday

7 Sunday

Notes

California Towhee

October

SEPTEMBER						
S	M	T	W	T	F	S
						1
2	3	4	5	6	7	8
9	10	11	12	13	14	15
16	17	18	19	20	21	22
23	24	25	26	27	28	29
30						

NOVEMBER						
S	M	T	W	T	F	S
				1	2	3
4	5	6	7	8	9	10
11	12	13	14	15	16	17
18	19	20	21	22	23	24
25	26	27	28	29	30	

8 MONDAY

Columbus Day (observed)

Thanksgiving (Canada)

9 TUESDAY

10 WEDNESDAY

11 THURSDAY

12 FRIDAY

13 SATURDAY

14 SUNDAY

Notes

Pygmy Nuthatch

October

15 Monday ● New Moon

16 Tuesday

17 Wednesday

18 Thursday

19 Friday

20 Saturday

21 Sunday

SEPTEMBER

S	M	T	W	T	F	S
						1
2	3	4	5	6	7	8
9	10	11	12	13	14	15
16	17	18	19	20	21	22
23	24	25	26	27	28	29
30						

NOVEMBER

S	M	T	W	T	F	S
				1	2	3
4	5	6	7	8	9	10
11	12	13	14	15	16	17
18	19	20	21	22	23	24
25	26	27	28	29	30	

Notes

Western Tanager

October

S	M	T	W	T	F	S
SEPTEMBER						
						1
2	3	4	5	6	7	8
9	10	11	12	13	14	15
16	17	18	19	20	21	22
23	24	25	26	27	28	29
30						

S	M	T	W	T	F	S
NOVEMBER						
				1	2	3
4	5	6	7	8	9	10
11	12	13	14	15	16	17
18	19	20	21	22	23	24
25	26	27	28	29	30	

22 MONDAY

Labour Day
(New Zealand)

23 TUESDAY

24 WEDNESDAY

25 THURSDAY

26 FRIDAY

27 SATURDAY

28 SUNDAY

Notes

November 2012

MONTH OVERVIEW

OCTOBER						
S	M	T	W	T	F	S
	1	2	3	4	5	6
7	8	9	10	11	12	13
14	15	16	17	18	19	20
21	22	23	24	25	26	27
28	29	30	31			

DECEMBER						
S	M	T	W	T	F	S
						1
2	3	4	5	6	7	8
9	10	11	12	13	14	15
16	17	18	19	20	21	22
23	24	25	26	27	28	29
30	31					

SUNDAY	MONDAY	TUESDAY	WEDNESDAY	THURSDAY	FRIDAY	SATURDAY
28	29	30	31	1 All Saints' Day	2	3
4 Daylight Saving ends	5	6 Election Day	7	8	9	10
11 Veterans Day Remembrance Day (Can., Austrl., NZ) Remembrance Sunday (UK)	12	13 ● New Moon	14	15	16	17
18	19	20	21	22 Thanksgiving	23	24
25	26	27	28 ○ Full Moon	29	30	1

Notes

Eastern Phoebe

October/November

OCTOBER						
S	M	T	W	T	F	S
	1	2	3	4	5	6
7	8	9	10	11	12	13
14	15	16	17	18	19	20
21	22	23	24	25	26	27
28	29	30	31			

DECEMBER						
S	M	T	W	T	F	S
						1
2	3	4	5	6	7	8
9	10	11	12	13	14	15
16	17	18	19	20	21	22
23	24	25	26	27	28	29
30	31					

29 MONDAY ◯ FULL MOON

30 TUESDAY

31 WEDNESDAY Halloween

1 THURSDAY All Saints' Day

2 FRIDAY

3 SATURDAY

4 SUNDAY Daylight Saving ends

Notes

Townsend's Solitaire

November

5 Monday

6 Tuesday

Election Day

7 Wednesday

8 Thursday

9 Friday

10 Saturday

11 Sunday

Veterans Day

Remembrance Day (Can., Austrl., NZ)

Remembrance Sunday (UK)

OCTOBER

S	M	T	W	T	F	S
	1	2	3	4	5	6
7	8	9	10	11	12	13
14	15	16	17	18	19	20
21	22	23	24	25	26	27
28	29	30	31			

DECEMBER

S	M	T	W	T	F	S
						1
2	3	4	5	6	7	8
9	10	11	12	13	14	15
16	17	18	19	20	21	22
23	24	25	26	27	28	29
30	31					

Notes

Bullock's Oriole

November

12 Monday

13 Tuesday

● New Moon

14 Wednesday

15 Thursday

16 Friday

17 Saturday

18 Sunday

OCTOBER

S	M	T	W	T	F	S
	1	2	3	4	5	6
7	8	9	10	11	12	13
14	15	16	17	18	19	20
21	22	23	24	25	26	27
28	29	30	31			

DECEMBER

S	M	T	W	T	F	S
						1
2	3	4	5	6	7	8
9	10	11	12	13	14	15
16	17	18	19	20	21	22
23	24	25	26	27	28	29
30	31					

Notes

Western Meadowlark

November

19 MONDAY

20 TUESDAY

21 WEDNESDAY

22 THURSDAY Thanksgiving

23 FRIDAY

24 SATURDAY

25 SUNDAY

OCTOBER

S	M	T	W	T	F	S
	1	2	3	4	5	6
7	8	9	10	11	12	13
14	15	16	17	18	19	20
21	22	23	24	25	26	27
28	29	30	31			

DECEMBER

S	M	T	W	T	F	S
						1
2	3	4	5	6	7	8
9	10	11	12	13	14	15
16	17	18	19	20	21	22
23	24	25	26	27	28	29
30	31					

Notes

December 2012

MONTH OVERVIEW

NOVEMBER						
S	M	T	W	T	F	S
				1	2	3
4	5	6	7	8	9	10
11	12	13	14	15	16	17
18	19	20	21	22	23	24
25	26	27	28	29	30	

JANUARY 2013						
S	M	T	W	T	F	S
		1	2	3	4	5
6	7	8	9	10	11	12
13	14	15	16	17	18	19
20	21	22	23	24	25	26
27	28	29	30	31		

SUNDAY	MONDAY	TUESDAY	WEDNESDAY	THURSDAY	FRIDAY	SATURDAY
25	26	27	28	29	30	1
2	3	4	5	6	7 Pearl Harbor Day	8 Hanukkah begins at sundown
9	10	11	12	13 ● NEW MOON	14	15
16	17	18	19	20	21 Winter Solstice	22
23/30	24/31	25 Christmas	26 Boxing Day (Can., UK, Austrl., NZ) Kwanzaa begins	27	28 ○ FULL MOON	29

Notes

Cedar Waxwing

November/ December

26 Monday

27 Tuesday

28 Wednesday ○ Full Moon

29 Thursday

30 Friday

1 Saturday

2 Sunday

NOVEMBER

S	M	T	W	T	F	S
				1	2	3
4	5	6	7	8	9	10
11	12	13	14	15	16	17
18	19	20	21	22	23	24
25	26	27	28	29	30	

JANUARY 2013

S	M	T	W	T	F	S
		1	2	3	4	5
6	7	8	9	10	11	12
13	14	15	16	17	18	19
20	21	22	23	24	25	26
27	28	29	30	31		

Notes

Painted Bunting

December

NOVEMBER						
S	M	T	W	T	F	S
				1	2	3
4	5	6	7	8	9	10
11	12	13	14	15	16	17
18	19	20	21	22	23	24
25	26	27	28	29	30	

JANUARY 2013						
S	M	T	W	T	F	S
		1	2	3	4	5
6	7	8	9	10	11	12
13	14	15	16	17	18	19
20	21	22	23	24	25	26
27	28	29	30	31		

3 Monday

4 Tuesday

5 Wednesday

6 Thursday

7 Friday

Pearl Harbor Day

8 Saturday

Hanukkah begins at sundown

9 Sunday

Notes

Carolina Chickadee

December

10 Monday

11 Tuesday

12 Wednesday

13 Thursday ● New Moon

14 Friday

15 Saturday

16 Sunday

NOVEMBER

S	M	T	W	T	F	S
				1	2	3
4	5	6	7	8	9	10
11	12	13	14	15	16	17
18	19	20	21	22	23	24
25	26	27	28	29	30	

JANUARY 2013

S	M	T	W	T	F	S
		1	2	3	4	5
6	7	8	9	10	11	12
13	14	15	16	17	18	19
20	21	22	23	24	25	26
27	28	29	30	31		

Notes

Baltimore Oriole

December

17	Monday

18	Tuesday

19	Wednesday

20	Thursday

21	Friday	Winter Solstice

22	Saturday

23	Sunday

NOVEMBER

S	M	T	W	T	F	S
				1	2	3
4	5	6	7	8	9	10
11	12	13	14	15	16	17
18	19	20	21	22	23	24
25	26	27	28	29	30	

JANUARY 2013

S	M	T	W	T	F	S
		1	2	3	4	5
6	7	8	9	10	11	12
13	14	15	16	17	18	19
20	21	22	23	24	25	26
27	28	29	30	31		

Notes

Mourning Dove

December

NOVEMBER						
S	M	T	W	T	F	S
				1	2	3
4	5	6	7	8	9	10
11	12	13	14	15	16	17
18	19	20	21	22	23	24
25	26	27	28	29	30	

JANUARY 2013						
S	M	T	W	T	F	S
		1	2	3	4	5
6	7	8	9	10	11	12
13	14	15	16	17	18	19
20	21	22	23	24	25	26
27	28	29	30	31		

24 Monday

25 Tuesday

Christmas

26 Wednesday

Boxing Day
(Can., UK, Austrl., NZ)

Kwanzaa begins

27 Thursday

28 Friday

○ Full Moon

29 Saturday

30 Sunday

Notes

January 2013

MONTH OVERVIEW

DECEMBER 2012						
S	M	T	W	T	F	S
						1
2	3	4	5	6	7	8
9	10	11	12	13	14	15
16	17	18	19	20	21	22
23	24	25	26	27	28	29
30	31					

FEBRUARY						
S	M	T	W	T	F	S
					1	2
3	4	5	6	7	8	9
10	11	12	13	14	15	16
17	18	19	20	21	22	23
24	25	26	27	28		

SUNDAY	MONDAY	TUESDAY	WEDNESDAY	THURSDAY	FRIDAY	SATURDAY
30	31	1 New Year's Day	2	3	4	5
6	7	8	9	10	11 ● NEW MOON	12
13	14	15 Martin Luther King Jr.'s Birthday	16	17	18	19
20	21 Martin Luther King Jr.'s Birthday (observed)	22	23	24	25	26 ○ FULL MOON
27	28 Australia Day	29	30	31	1	2

2013 Year-At-A-Glance

JANUARY

S	M	T	W	T	F	S
		1	2	3	4	5
6	7	8	9	10	11	12
13	14	15	16	17	18	19
20	21	22	23	24	25	26
27	28	29	30	31		

FEBRUARY

S	M	T	W	T	F	S
					1	2
3	4	5	6	7	8	9
10	11	12	13	14	15	16
17	18	19	20	21	22	23
24	25	26	27	28		

MARCH

S	M	T	W	T	F	S
					1	2
3	4	5	6	7	8	9
10	11	12	13	14	15	16
17	18	19	20	21	22	23
24	25	26	27	28	29	30
31						

APRIL

S	M	T	W	T	F	S
	1	2	3	4	5	6
7	8	9	10	11	12	13
14	15	16	17	18	19	20
21	22	23	24	25	26	27
28	29	30				

MAY

S	M	T	W	T	F	S
			1	2	3	4
5	6	7	8	9	10	11
12	13	14	15	16	17	18
19	20	21	22	23	24	25
26	27	28	29	30	31	

JUNE

S	M	T	W	T	F	S
						1
2	3	4	5	6	7	8
9	10	11	12	13	14	15
16	17	18	19	20	21	22
23	24	25	26	27	28	29
30						

JULY

S	M	T	W	T	F	S
	1	2	3	4	5	6
7	8	9	10	11	12	13
14	15	16	17	18	19	20
21	22	23	24	25	26	27
28	29	30	31			

AUGUST

S	M	T	W	T	F	S
				1	2	3
4	5	6	7	8	9	10
11	12	13	14	15	16	17
18	19	20	21	22	23	24
25	26	27	28	29	30	31

SEPTEMBER

S	M	T	W	T	F	S
1	2	3	4	5	6	7
8	9	10	11	12	13	14
15	16	17	18	19	20	21
22	23	24	25	26	27	28
29	30					

OCTOBER

S	M	T	W	T	F	S
		1	2	3	4	5
6	7	8	9	10	11	12
13	14	15	16	17	18	19
20	21	22	23	24	25	26
27	28	29	30	31		

NOVEMBER

S	M	T	W	T	F	S
					1	2
3	4	5	6	7	8	9
10	11	12	13	14	15	16
17	18	19	20	21	22	23
24	25	26	27	28	29	30

DECEMBER

S	M	T	W	T	F	S
1	2	3	4	5	6	7
8	9	10	11	12	13	14
15	16	17	18	19	20	21
22	23	24	25	26	27	28
29	30	31				

Summer Tanager

December 2012/ January 2013

31 MONDAY

1 TUESDAY New Year's Day

2 WEDNESDAY

3 THURSDAY

4 FRIDAY

5 SATURDAY

6 SUNDAY

DECEMBER

S	M	T	W	T	F	S
						1
2	3	4	5	6	7	8
9	10	11	12	13	14	15
16	17	18	19	20	21	22
23	24	25	26	27	28	29
30	31					

FEBRUARY

S	M	T	W	T	F	S
					1	2
3	4	5	6	7	8	9
10	11	12	13	14	15	16
17	18	19	20	21	22	23
24	25	26	27	28		

Notes

Carolina Wren

January

7 Monday

8 Tuesday

9 Wednesday

10 Thursday

11 Friday ● New Moon

12 Saturday

13 Sunday

DECEMBER 2012

S	M	T	W	T	F	S
						1
2	3	4	5	6	7	8
9	10	11	12	13	14	15
16	17	18	19	20	21	22
23	24	25	26	27	28	29
30	31					

FEBRUARY

S	M	T	W	T	F	S
					1	2
3	4	5	6	7	8	9
10	11	12	13	14	15	16
17	18	19	20	21	22	23
24	25	26	27	28		

Notes

Northern Mockingbird

January

14 MONDAY

15 TUESDAY
Martin Luther King Jr.'s Birthday

16 WEDNESDAY

17 THURSDAY

18 FRIDAY

19 SATURDAY

20 SUNDAY

DECEMBER 2012

S	M	T	W	T	F	S
						1
2	3	4	5	6	7	8
9	10	11	12	13	14	15
16	17	18	19	20	21	22
23	24	25	26	27	28	29
30	31					

FEBRUARY

S	M	T	W	T	F	S
					1	2
3	4	5	6	7	8	9
10	11	12	13	14	15	16
17	18	19	20	21	22	23
24	25	26	27	28		

Notes

Brown Creeper

January

DECEMBER 2012						
S	M	T	W	T	F	S
						1
2	3	4	5	6	7	8
9	10	11	12	13	14	15
16	17	18	19	20	21	22
23	24	25	26	27	28	29
30	31					

FEBRUARY						
S	M	T	W	T	F	S
					1	2
3	4	5	6	7	8	9
10	11	12	13	14	15	16
17	18	19	20	21	22	23
24	25	26	27	28		

21 MONDAY

Martin Luther King Jr.'s Birthday (observed)

22 TUESDAY

23 WEDNESDAY

24 THURSDAY

25 FRIDAY

26 SATURDAY

○ FULL MOON

27 SUNDAY

Notes

February 2013

MONTH OVERVIEW

JANUARY

S	M	T	W	T	F	S
		1	2	3	4	5
6	7	8	9	10	11	12
13	14	15	16	17	18	19
20	21	22	23	24	25	26
27	28	29	30	31		

MARCH

S	M	T	W	T	F	S
					1	2
3	4	5	6	7	8	9
10	11	12	13	14	15	16
17	18	19	20	21	22	23
24	25	26	27	28	29	30
31						

Sunday	Monday	Tuesday	Wednesday	Thursday	Friday	Saturday
27	28	29	30	31	1	2 Groundhog Day
3	4	5	6 Waitangi Day (New Zealand)	7	8	9
10 Chinese New Year ● New Moon	11	12 Lincoln's Birthday	13 Ash Wednesday	14 Valentine's Day	15	16
17	18 Presidents' Day (observed)	19	20	21	22 Washington's Birthday	23
24	25 ○ Full Moon	26	27	28	1	2

Notes

Yellow-headed Blackbird

January/February

JANUARY						
S	M	T	W	T	F	S
		1	2	3	4	5
6	7	8	9	10	11	12
13	14	15	16	17	18	19
20	21	22	23	24	25	26
27	28	29	30	31		

MARCH						
S	M	T	W	T	F	S
					1	2
3	4	5	6	7	8	9
10	11	12	13	14	15	16
17	18	19	20	21	22	23
24	25	26	27	28	29	30
31						

28 MONDAY — Australia Day

29 TUESDAY

30 WEDNESDAY

31 THURSDAY

1 FRIDAY

2 SATURDAY — Groundhog Day

3 SUNDAY

Notes

Horned Lark

February

4 Monday

5 Tuesday

6 Wednesday — Waitangi Day (New Zealand)

7 Thursday

8 Friday

9 Saturday

10 Sunday — Chinese New Year

● New Moon

JANUARY

S	M	T	W	T	F	S
		1	2	3	4	5
6	7	8	9	10	11	12
13	14	15	16	17	18	19
20	21	22	23	24	25	26
27	28	29	30	31		

MARCH

S	M	T	W	T	F	S
					1	2
3	4	5	6	7	8	9
10	11	12	13	14	15	16
17	18	19	20	21	22	23
24	25	26	27	28	29	30
31						

Notes

Black-throated Sparrow

February

11 Monday

12 Tuesday

Lincoln's Birthday

13 Wednesday

Ash Wednesday

14 Thursday

Valentine's Day

15 Friday

16 Saturday

17 Sunday

JANUARY

S	M	T	W	T	F	S
		1	2	3	4	5
6	7	8	9	10	11	12
13	14	15	16	17	18	19
20	21	22	23	24	25	26
27	28	29	30	31		

MARCH

S	M	T	W	T	F	S
					1	2
3	4	5	6	7	8	9
10	11	12	13	14	15	16
17	18	19	20	21	22	23
24	25	26	27	28	29	30
31						

Notes

Common Redpoll

February

18 MONDAY — Presidents' Day (observed)

19 TUESDAY

20 WEDNESDAY

21 THURSDAY

22 FRIDAY — Washington's Birthday

23 SATURDAY

24 SUNDAY

JANUARY

S	M	T	W	T	F	S
		1	2	3	4	5
6	7	8	9	10	11	12
13	14	15	16	17	18	19
20	21	22	23	24	25	26
27	28	29	30	31		

MARCH

S	M	T	W	T	F	S
					1	2
3	4	5	6	7	8	9
10	11	12	13	14	15	16
17	18	19	20	21	22	23
24	25	26	27	28	29	30
31						

Notes

Red-breasted Nuthatch

February/March

25 MONDAY — ○ FULL MOON

26 TUESDAY

27 WEDNESDAY

28 THURSDAY

1 FRIDAY

2 SATURDAY

3 SUNDAY

FEBRUARY

S	M	T	W	T	F	S
					1	2
3	4	5	6	7	8	9
10	11	12	13	14	15	16
17	18	19	20	21	22	23
24	25	26	27	28		

APRIL

S	M	T	W	T	F	S
	1	2	3	4	5	6
7	8	9	10	11	12	13
14	15	16	17	18	19	20
21	22	23	24	25	26	27
28	29	30				

Notes

March 2013

MONTH OVERVIEW

FEBRUARY						
S	M	T	W	T	F	S
					1	2
3	4	5	6	7	8	9
10	11	12	13	14	15	16
17	18	19	20	21	22	23
24	25	26	27	28		

APRIL						
S	M	T	W	T	F	S
	1	2	3	4	5	6
7	8	9	10	11	12	13
14	15	16	17	18	19	20
21	22	23	24	25	26	27
28	29	30				

SUNDAY	MONDAY	TUESDAY	WEDNESDAY	THURSDAY	FRIDAY	SATURDAY
24	25	26	27	28	1	2
3	4 Labour Day (W. Australia)	5	6	7	8 International Women's Day	9
10 Mother's Day (UK) Daylight Saving begins	11 Commonwealth Day (Can., UK, Austrl., NZ) Labour Day (Victoria) Canberra Day (Australia) ● New Moon	12	13	14	15	16
17 St. Patrick's Day	18	19	20 Vernal Equinox	21	22	23
24/31 Palm Sunday (24th) Easter Sunday (31st)	25 Passover begins at sundown	26	27 ○ Full Moon	28	29 Good Friday	30

Notes

California Thrasher

March

FEBRUARY						
S	M	T	W	T	F	S
					1	2
3	4	5	6	7	8	9
10	11	12	13	14	15	16
17	18	19	20	21	22	23
24	25	26	27	28		

APRIL						
S	M	T	W	T	F	S
	1	2	3	4	5	6
7	8	9	10	11	12	13
14	15	16	17	18	19	20
21	22	23	24	25	26	27
28	29	30				

4 MONDAY

Labour Day
(W. Australia)

5 TUESDAY

6 WEDNESDAY

7 THURSDAY

8 FRIDAY

International Women's Day

9 SATURDAY

10 SUNDAY

Mother's Day
(UK)

Daylight Saving begins

Notes

Bobolink

March

11 Monday

Commonwealth Day (Can., UK, Austrl., NZ)

Labour Day (Victoria)

Canberra Day (Australia)

● New Moon

12 Tuesday

13 Wednesday

14 Thursday

15 Friday

16 Saturday

17 Sunday

St. Patrick's Day

FEBRUARY

S	M	T	W	T	F	S
					1	2
3	4	5	6	7	8	9
10	11	12	13	14	15	16
17	18	19	20	21	22	23
24	25	26	27	28		

APRIL

S	M	T	W	T	F	S
	1	2	3	4	5	6
7	8	9	10	11	12	13
14	15	16	17	18	19	20
21	22	23	24	25	26	27
28	29	30				

Notes

Dark-eyed Junco

March

FEBRUARY						
S	M	T	W	T	F	S
					1	2
3	4	5	6	7	8	9
10	11	12	13	14	15	16
17	18	19	20	21	22	23
24	25	26	27	28		

APRIL						
S	M	T	W	T	F	S
	1	2	3	4	5	6
7	8	9	10	11	12	13
14	15	16	17	18	19	20
21	22	23	24	25	26	27
28	29	30				

18 MONDAY

19 TUESDAY

20 WEDNESDAY

Vernal Equinox

21 THURSDAY

22 FRIDAY

23 SATURDAY

24 SUNDAY

Palm Sunday

Notes

Steller's Jay

March

25 Monday
Passover begins at sundown

26 Tuesday

27 Wednesday
○ Full Moon

28 Thursday

29 Friday
Good Friday

30 Saturday

31 Sunday
Easter Sunday

FEBRUARY

S	M	T	W	T	F	S
					1	2
3	4	5	6	7	8	9
10	11	12	13	14	15	16
17	18	19	20	21	22	23
24	25	26	27	28		

APRIL

S	M	T	W	T	F	S
	1	2	3	4	5	6
7	8	9	10	11	12	13
14	15	16	17	18	19	20
21	22	23	24	25	26	27
28	29	30				

Notes

April 2013

MONTH OVERVIEW

MARCH						
S	M	T	W	T	F	S
					1	2
3	4	5	6	7	8	9
10	11	12	13	14	15	16
17	18	19	20	21	22	23
24	25	26	27	28	29	30
31						

MAY						
S	M	T	W	T	F	S
			1	2	3	4
5	6	7	8	9	10	11
12	13	14	15	16	17	18
19	20	21	22	23	24	25
26	27	28	29	30	31	

SUNDAY	MONDAY	TUESDAY	WEDNESDAY	THURSDAY	FRIDAY	SATURDAY
31	1 Easter Monday (Can., UK, Austrl., NZ)	2	3	4	5	6
7 Holocaust Remembrance Day	8	9	10 ● NEW MOON	11	12	13
14	15	16	17	18	19	20
21	22 Earth Day	23	24	25 ANZAC Day (Austrl., NZ) ○ FULL MOON	26 Arbor Day	27
28	29	30	1	2	3	4

Notes

Mountain Bluebird

April

1 Monday — Easter Monday (Can., UK, Austrl., NZ)

2 Tuesday

3 Wednesday

4 Thursday

5 Friday

6 Saturday

7 Sunday — Holocaust Remembrance Day

MARCH

S	M	T	W	T	F	S
					1	2
3	4	5	6	7	8	9
10	11	12	13	14	15	16
17	18	19	20	21	22	23
24	25	26	27	28	29	30
31						

MAY

S	M	T	W	T	F	S
			1	2	3	4
5	6	7	8	9	10	11
12	13	14	15	16	17	18
19	20	21	22	23	24	25
26	27	28	29	30	31	

Notes

Field Sparrow

April

8 MONDAY

9 TUESDAY

10 WEDNESDAY ● NEW MOON

11 THURSDAY

12 FRIDAY

13 SATURDAY

14 SUNDAY

MARCH

S	M	T	W	T	F	S
					1	2
3	4	5	6	7	8	9
10	11	12	13	14	15	16
17	18	19	20	21	22	23
24	25	26	27	28	29	30
31						

MAY

S	M	T	W	T	F	S
			1	2	3	4
5	6	7	8	9	10	11
12	13	14	15	16	17	18
19	20	21	22	23	24	25
26	27	28	29	30	31	

Notes

Pyrrhuloxia

April

15 Monday

16 Tuesday

17 Wednesday

18 Thursday

19 Friday

20 Saturday

21 Sunday

MARCH

S	M	T	W	T	F	S
					1	2
3	4	5	6	7	8	9
10	11	12	13	14	15	16
17	18	19	20	21	22	23
24	25	26	27	28	29	30
31						

MAY

S	M	T	W	T	F	S
			1	2	3	4
5	6	7	8	9	10	11
12	13	14	15	16	17	18
19	20	21	22	23	24	25
26	27	28	29	30	31	

Notes

Eastern Meadowlark

April

22 Monday
Earth Day

23 Tuesday

24 Wednesday

25 Thursday
ANZAC Day (Austrl., NZ)

○ Full Moon

26 Friday
Arbor Day

27 Saturday

28 Sunday

MARCH

S	M	T	W	T	F	S
					1	2
3	4	5	6	7	8	9
10	11	12	13	14	15	16
17	18	19	20	21	22	23
24	25	26	27	28	29	30
31						

MAY

S	M	T	W	T	F	S
			1	2	3	4
5	6	7	8	9	10	11
12	13	14	15	16	17	18
19	20	21	22	23	24	25
26	27	28	29	30	31	

Notes

Blue-gray Gnatcatcher

April/May

APRIL						
S	M	T	W	T	F	S
	1	2	3	4	5	6
7	8	9	10	11	12	13
14	15	16	17	18	19	20
21	22	23	24	25	26	27
28	29	30				

JUNE						
S	M	T	W	T	F	S
						1
2	3	4	5	6	7	8
9	10	11	12	13	14	15
16	17	18	19	20	21	22
23	24	25	26	27	28	29
30						

29 MONDAY

30 TUESDAY

1 WEDNESDAY

May Day

2 THURSDAY

3 FRIDAY

4 SATURDAY

5 SUNDAY

Notes

May 2013

MONTH OVERVIEW

APRIL						
S	M	T	W	T	F	S
	1	2	3	4	5	6
7	8	9	10	11	12	13
14	15	16	17	18	19	20
21	22	23	24	25	26	27
28	29	30				

JUNE						
S	M	T	W	T	F	S
						1
2	3	4	5	6	7	8
9	10	11	12	13	14	15
16	17	18	19	20	21	22
23	24	25	26	27	28	29
30						

Sunday	Monday	Tuesday	Wednesday	Thursday	Friday	Saturday
28	29	30	1 May Day	2	3	4
5	6 Bank Holiday (UK) Labour Day (Queensland)	7	8	9 ● New Moon	10	11
12 Mother's Day (US, Can., Austrl., NZ)	13	14	15	16	17	18 Armed Forces Day
19	20 Victoria Day (Canada)	21	22	23	24 ○ Full Moon	25
26	27 Memorial Day (observed) Bank Holiday (UK)	28	29	30	31	1

Notes

Violet-green Swallow

May

6 Monday

Bank Holiday (UK)

Labour Day (Queensland)

7 Tuesday

8 Wednesday

9 Thursday

● New Moon

10 Friday

11 Saturday

12 Sunday

Mother's Day (US, Can., Austrl., NZ)

APRIL

S	M	T	W	T	F	S
	1	2	3	4	5	6
7	8	9	10	11	12	13
14	15	16	17	18	19	20
21	22	23	24	25	26	27
28	29	30				

JUNE

S	M	T	W	T	F	S
						1
2	3	4	5	6	7	8
9	10	11	12	13	14	15
16	17	18	19	20	21	22
23	24	25	26	27	28	29
30						

Notes

Golden-crowned Kinglet

May

13 MONDAY

14 TUESDAY

15 WEDNESDAY

16 THURSDAY

17 FRIDAY

18 SATURDAY

Armed Forces Day

19 SUNDAY

APRIL

S	M	T	W	T	F	S
	1	2	3	4	5	6
7	8	9	10	11	12	13
14	15	16	17	18	19	20
21	22	23	24	25	26	27
28	29	30				

JUNE

S	M	T	W	T	F	S
						1
2	3	4	5	6	7	8
9	10	11	12	13	14	15
16	17	18	19	20	21	22
23	24	25	26	27	28	29
30						

Notes

Great-crested Flycatcher

May

	APRIL					
S	M	T	W	T	F	S
	1	2	3	4	5	6
7	8	9	10	11	12	13
14	15	16	17	18	19	20
21	22	23	24	25	26	27
28	29	30				

	JUNE					
S	M	T	W	T	F	S
						1
2	3	4	5	6	7	8
9	10	11	12	13	14	15
16	17	18	19	20	21	22
23	24	25	26	27	28	29
30						

20 MONDAY — Victoria Day (Canada)

21 TUESDAY

22 WEDNESDAY

23 THURSDAY

24 FRIDAY — ○ FULL MOON

25 SATURDAY

26 SUNDAY

Notes

Great Kiskadee

May/June

MAY						
S	M	T	W	T	F	S
			1	2	3	4
5	6	7	8	9	10	11
12	13	14	15	16	17	18
19	20	21	22	23	24	25
26	27	28	29	30	31	

JULY						
S	M	T	W	T	F	S
	1	2	3	4	5	6
7	8	9	10	11	12	13
14	15	16	17	18	19	20
21	22	23	24	25	26	27
28	29	30	31			

27 MONDAY

Memorial Day (observed)

Bank Holiday (UK)

28 TUESDAY

29 WEDNESDAY

30 THURSDAY

31 FRIDAY

1 SATURDAY

2 SUNDAY

Notes

June 2013

MONTH OVERVIEW

MAY						
S	M	T	W	T	F	S
			1	2	3	4
5	6	7	8	9	10	11
12	13	14	15	16	17	18
19	20	21	22	23	24	25
26	27	28	29	30	31	

JULY						
S	M	T	W	T	F	S
	1	2	3	4	5	6
7	8	9	10	11	12	13
14	15	16	17	18	19	20
21	22	23	24	25	26	27
28	29	30	31			

SUNDAY	MONDAY	TUESDAY	WEDNESDAY	THURSDAY	FRIDAY	SATURDAY
26	27	28	29	30	31	1
2	3 Queen's Birthday (New Zealand)	4	5	6	7	8 ● NEW MOON
9	10 Queen's Birthday (Australia)	11	12	13	14 Flag Day	15
16 Father's Day (US, Canada, UK)	17	18	19	20	21 Summer Solstice	22
23/30 ○ FULL MOON (23rd)	24	25	26	27	28	29

Notes

American Robin

June

3 Monday
Queen's Birthday (New Zealand)

4 Tuesday

5 Wednesday

6 Thursday

7 Friday

8 Saturday
● New Moon

9 Sunday

MAY

S	M	T	W	T	F	S
			1	2	3	4
5	6	7	8	9	10	11
12	13	14	15	16	17	18
19	20	21	22	23	24	25
26	27	28	29	30	31	

JULY

S	M	T	W	T	F	S
	1	2	3	4	5	6
7	8	9	10	11	12	13
14	15	16	17	18	19	20
21	22	23	24	25	26	27
28	29	30	31			

Notes

Clark's Nutcracker

June

MAY						
S	M	T	W	T	F	S
			1	2	3	4
5	6	7	8	9	10	11
12	13	14	15	16	17	18
19	20	21	22	23	24	25
26	27	28	29	30	31	

JULY						
S	M	T	W	T	F	S
	1	2	3	4	5	6
7	8	9	10	11	12	13
14	15	16	17	18	19	20
21	22	23	24	25	26	27
28	29	30	31			

10 MONDAY

Queen's Birthday (Australia)

11 TUESDAY

12 WEDNESDAY

13 THURSDAY

14 FRIDAY

Flag Day

15 SATURDAY

16 SUNDAY

Father's Day (US, Canada, UK)

Notes

Western Kingbird

June

17 MONDAY

18 TUESDAY

19 WEDNESDAY

20 THURSDAY

21 FRIDAY

Summer Solstice

22 SATURDAY

23 SUNDAY

○ FULL MOON

MAY

S	M	T	W	T	F	S
			1	2	3	4
5	6	7	8	9	10	11
12	13	14	15	16	17	18
19	20	21	22	23	24	25
26	27	28	29	30	31	

JULY

S	M	T	W	T	F	S
	1	2	3	4	5	6
7	8	9	10	11	12	13
14	15	16	17	18	19	20
21	22	23	24	25	26	27
28	29	30	31			

Notes

Eastern Towhee

June

MAY						
S	M	T	W	T	F	S
			1	2	3	4
5	6	7	8	9	10	11
12	13	14	15	16	17	18
19	20	21	22	23	24	25
26	27	28	29	30	31	

JULY						
S	M	T	W	T	F	S
	1	2	3	4	5	6
7	8	9	10	11	12	13
14	15	16	17	18	19	20
21	22	23	24	25	26	27
28	29	30	31			

24 MONDAY

25 TUESDAY

26 WEDNESDAY

27 THURSDAY

28 FRIDAY

29 SATURDAY

30 SUNDAY

Notes

July 2013

MONTH OVERVIEW

JUNE						
S	M	T	W	T	F	S
						1
2	3	4	5	6	7	8
9	10	11	12	13	14	15
16	17	18	19	20	21	22
23	24	25	26	27	28	29
30						

AUGUST						
S	M	T	W	T	F	S
				1	2	3
4	5	6	7	8	9	10
11	12	13	14	15	16	17
18	19	20	21	22	23	24
25	26	27	28	29	30	31

SUNDAY	MONDAY	TUESDAY	WEDNESDAY	THURSDAY	FRIDAY	SATURDAY
30	1 Canada Day	2	3	4 Independence Day	5	6
7	8 ● New Moon	9	10	11	12	13
14	15	16	17	18	19	20
21	22 ○ Full Moon	23	24	25	26	27
28	29	30	31	1	2	3

Notes

Baltimore Oriole

July

1 **Monday** — Canada Day

2 **Tuesday**

3 **Wednesday**

4 **Thursday** — Independence Day

5 **Friday**

6 **Saturday**

7 **Sunday**

JUNE

S	M	T	W	T	F	S
						1
2	3	4	5	6	7	8
9	10	11	12	13	14	15
16	17	18	19	20	21	22
23	24	25	26	27	28	29
30						

AUGUST

S	M	T	W	T	F	S
				1	2	3
4	5	6	7	8	9	10
11	12	13	14	15	16	17
18	19	20	21	22	23	24
25	26	27	28	29	30	31

Notes

Louisiana Waterthrush

July

8 Monday ● New Moon

9 Tuesday

10 Wednesday

11 Thursday

12 Friday

13 Saturday

14 Sunday

JUNE

S	M	T	W	T	F	S
						1
2	3	4	5	6	7	8
9	10	11	12	13	14	15
16	17	18	19	20	21	22
23	24	25	26	27	28	29
30						

AUGUST

S	M	T	W	T	F	S
				1	2	3
4	5	6	7	8	9	10
11	12	13	14	15	16	17
18	19	20	21	22	23	24
25	26	27	28	29	30	31

Notes

Blue Jay

July

15 Monday

16 Tuesday

17 Wednesday

18 Thursday

19 Friday

20 Saturday

21 Sunday

JUNE

S	M	T	W	T	F	S
						1
2	3	4	5	6	7	8
9	10	11	12	13	14	15
16	17	18	19	20	21	22
23	24	25	26	27	28	29
30						

AUGUST

S	M	T	W	T	F	S
				1	2	3
4	5	6	7	8	9	10
11	12	13	14	15	16	17
18	19	20	21	22	23	24
25	26	27	28	29	30	31

Notes

Purple Finch

July

22 **Monday** ◯ Full Moon

23 **Tuesday**

24 **Wednesday**

25 **Thursday**

26 **Friday**

27 **Saturday**

28 **Sunday**

JUNE

S	M	T	W	T	F	S
						1
2	3	4	5	6	7	8
9	10	11	12	13	14	15
16	17	18	19	20	21	22
23	24	25	26	27	28	29
30						

AUGUST

S	M	T	W	T	F	S
				1	2	3
4	5	6	7	8	9	10
11	12	13	14	15	16	17
18	19	20	21	22	23	24
25	26	27	28	29	30	31

Notes

August 2013

MONTH OVERVIEW

JULY						
S	M	T	W	T	F	S
	1	2	3	4	5	6
7	8	9	10	11	12	13
14	15	16	17	18	19	20
21	22	23	24	25	26	27
28	29	30	31			

SEPTEMBER						
S	M	T	W	T	F	S
1	2	3	4	5	6	7
8	9	10	11	12	13	14
15	16	17	18	19	20	21
22	23	24	25	26	27	28
29	30					

Sunday	Monday	Tuesday	Wednesday	Thursday	Friday	Saturday
28	29	30	31	1	2	3
4	5 Civic Holiday (Canada)	6 ● New Moon	7	8	9	10
11	12	13	14 Bank Holiday (Canberra, NSW)	15	16	17
18	19	20 ○ Full Moon	21	22	23	24
25	26 Bank Holiday (UK)	27	28	29	30	31

Notes

House Wren

July/August

29 Monday

30 Tuesday

31 Wednesday

1 Thursday

2 Friday

3 Saturday

4 Sunday

JULY

S	M	T	W	T	F	S
	1	2	3	4	5	6
7	8	9	10	11	12	13
14	15	16	17	18	19	20
21	22	23	24	25	26	27
28	29	30	31			

SEPTEMBER

S	M	T	W	T	F	S
1	2	3	4	5	6	7
8	9	10	11	12	13	14
15	16	17	18	19	20	21
22	23	24	25	26	27	28
29	30					

Notes

Dark-eyed Junco

August

5 MONDAY — Civic Holiday (Canada)

6 TUESDAY — ● NEW MOON

7 WEDNESDAY

8 THURSDAY

9 FRIDAY

10 SATURDAY

11 SUNDAY

JULY

S	M	T	W	T	F	S
	1	2	3	4	5	6
7	8	9	10	11	12	13
14	15	16	17	18	19	20
21	22	23	24	25	26	27
28	29	30	31			

SEPTEMBER

S	M	T	W	T	F	S
1	2	3	4	5	6	7
8	9	10	11	12	13	14
15	16	17	18	19	20	21
22	23	24	25	26	27	28
29	30					

Notes

Yellow Wagtail

August

JULY						
S	M	T	W	T	F	S
	1	2	3	4	5	6
7	8	9	10	11	12	13
14	15	16	17	18	19	20
21	22	23	24	25	26	27
28	29	30	31			

SEPTEMBER						
S	M	T	W	T	F	S
1	2	3	4	5	6	7
8	9	10	11	12	13	14
15	16	17	18	19	20	21
22	23	24	25	26	27	28
29	30					

12 MONDAY

13 TUESDAY

14 WEDNESDAY

Bank Holiday
(Canberra, NSW)

15 THURSDAY

16 FRIDAY

17 SATURDAY

18 SUNDAY

Notes

Blue Grosbeak

August

19 Monday

20 Tuesday ○ Full Moon

21 Wednesday

22 Thursday

23 Friday

24 Saturday

25 Sunday

JULY

S	M	T	W	T	F	S
	1	2	3	4	5	6
7	8	9	10	11	12	13
14	15	16	17	18	19	20
21	22	23	24	25	26	27
28	29	30	31			

SEPTEMBER

S	M	T	W	T	F	S
1	2	3	4	5	6	7
8	9	10	11	12	13	14
15	16	17	18	19	20	21
22	23	24	25	26	27	28
29	30					

Notes

Dickcissel

August/September

AUGUST						
S	M	T	W	T	F	S
				1	2	3
4	5	6	7	8	9	10
11	12	13	14	15	16	17
18	19	20	21	22	23	24
25	26	27	28	29	30	31

OCTOBER						
S	M	T	W	T	F	S
		1	2	3	4	5
6	7	8	9	10	11	12
13	14	15	16	17	18	19
20	21	22	23	24	25	26
27	28	29	30	31		

26 MONDAY — Bank Holiday (UK)

27 TUESDAY

28 WEDNESDAY

29 THURSDAY

30 FRIDAY

31 SATURDAY

1 SUNDAY — Father's Day (Australia, NZ)

Notes

September 2013

MONTH OVERVIEW

AUGUST

S	M	T	W	T	F	S
				1	2	3
4	5	6	7	8	9	10
11	12	13	14	15	16	17
18	19	20	21	22	23	24
25	26	27	28	29	30	31

OCTOBER

S	M	T	W	T	F	S
		1	2	3	4	5
6	7	8	9	10	11	12
13	14	15	16	17	18	19
20	21	22	23	24	25	26
27	28	29	30	31		

Sunday	Monday	Tuesday	Wednesday	Thursday	Friday	Saturday
1 Father's Day (Australia, NZ)	2 Labor Day (US, Canada)	3	4 Rosh Hashanah begins at sundown	5 ● New Moon	6	7
8	9	10	11	12	13 Yom Kippur begins at sundown	14
15	16	17	18	19 ○ Full Moon	20	21 UN International Day of Peace
22 Autumnal Equinox	23	24	25	26	27	28
29	30 Queen's Birthday (W. Australia)	1	2	3	4	5

Notes

Yellow-breasted Chat

September

2 Monday
Labor Day (US, Canada)

3 Tuesday

4 Wednesday
Rosh Hashanah begins at sundown

5 Thursday
● New Moon

6 Friday

7 Saturday

8 Sunday

AUGUST

S	M	T	W	T	F	S
				1	2	3
4	5	6	7	8	9	10
11	12	13	14	15	16	17
18	19	20	21	22	23	24
25	26	27	28	29	30	31

OCTOBER

S	M	T	W	T	F	S
		1	2	3	4	5
6	7	8	9	10	11	12
13	14	15	16	17	18	19
20	21	22	23	24	25	26
27	28	29	30	31		

Notes

Gray Catbird

September

9 Monday

10 Tuesday

11 Wednesday

12 Thursday

13 Friday

Yom Kippur
begins at sundown

14 Saturday

15 Sunday

AUGUST

S	M	T	W	T	F	S
				1	2	3
4	5	6	7	8	9	10
11	12	13	14	15	16	17
18	19	20	21	22	23	24
25	26	27	28	29	30	31

OCTOBER

S	M	T	W	T	F	S
		1	2	3	4	5
6	7	8	9	10	11	12
13	14	15	16	17	18	19
20	21	22	23	24	25	26
27	28	29	30	31		

Notes

American Goldfinch

September

16 MONDAY

17 TUESDAY

18 WEDNESDAY

19 THURSDAY

○ FULL MOON

20 FRIDAY

21 SATURDAY

UN International Day of Peace

22 SUNDAY

Autumnal Equinox

AUGUST

S	M	T	W	T	F	S
				1	2	3
4	5	6	7	8	9	10
11	12	13	14	15	16	17
18	19	20	21	22	23	24
25	26	27	28	29	30	31

OCTOBER

S	M	T	W	T	F	S
		1	2	3	4	5
6	7	8	9	10	11	12
13	14	15	16	17	18	19
20	21	22	23	24	25	26
27	28	29	30	31		

Notes

Oak Titmouse

September

23 Monday

24 Tuesday

25 Wednesday

26 Thursday

27 Friday

28 Saturday

29 Sunday

AUGUST

S	M	T	W	T	F	S
				1	2	3
4	5	6	7	8	9	10
11	12	13	14	15	16	17
18	19	20	21	22	23	24
25	26	27	28	29	30	31

OCTOBER

S	M	T	W	T	F	S
		1	2	3	4	5
6	7	8	9	10	11	12
13	14	15	16	17	18	19
20	21	22	23	24	25	26
27	28	29	30	31		

Notes

Yellow-throated Vireo

September/October

SEPTEMBER						
S	M	T	W	T	F	S
1	2	3	4	5	6	7
8	9	10	11	12	13	14
15	16	17	18	19	20	21
22	23	24	25	26	27	28
29	30					

30 MONDAY — Queen's Birthday (W. Australia)

1 TUESDAY

2 WEDNESDAY

3 THURSDAY

4 FRIDAY — ● NEW MOON

5 SATURDAY

6 SUNDAY

NOVEMBER						
S	M	T	W	T	F	S
					1	2
3	4	5	6	7	8	9
10	11	12	13	14	15	16
17	18	19	20	21	22	23
24	25	26	27	28	29	30

Notes

October 2013

MONTH OVERVIEW

SEPTEMBER

S	M	T	W	T	F	S
1	2	3	4	5	6	7
8	9	10	11	12	13	14
15	16	17	18	19	20	21
22	23	24	25	26	27	28
29	30					

NOVEMBER

S	M	T	W	T	F	S
					1	2
3	4	5	6	7	8	9
10	11	12	13	14	15	16
17	18	19	20	21	22	23
24	25	26	27	28	29	30

SUNDAY	MONDAY	TUESDAY	WEDNESDAY	THURSDAY	FRIDAY	SATURDAY
29	30	1	2	3	4 ● New Moon	5
6	7 Labour Day (Canberra, NSW, S. Austrl.)	8	9	10	11	12
13	14 Columbus Day (observed) Thanksgiving (Canada)	15	16	17	18 ○ Full Moon	19
20	21	22	23	24	25	26
27	28 Labour Day (New Zealand)	29	30	31 Halloween	1	2

Notes

Hermit Thrush

October

7	Monday	Labour Day (Canberra, NSW, S. Austrl.)
8	Tuesday	
9	Wednesday	
10	Thursday	
11	Friday	
12	Saturday	
13	Sunday	

SEPTEMBER

S	M	T	W	T	F	S
1	2	3	4	5	6	7
8	9	10	11	12	13	14
15	16	17	18	19	20	21
22	23	24	25	26	27	28
29	30					

NOVEMBER

S	M	T	W	T	F	S
					1	2
3	4	5	6	7	8	9
10	11	12	13	14	15	16
17	18	19	20	21	22	23
24	25	26	27	28	29	30

Notes

White-winged Crossbill

October

SEPTEMBER						
S	M	T	W	T	F	S
1	2	3	4	5	6	7
8	9	10	11	12	13	14
15	16	17	18	19	20	21
22	23	24	25	26	27	28
29	30					

NOVEMBER						
S	M	T	W	T	F	S
					1	2
3	4	5	6	7	8	9
10	11	12	13	14	15	16
17	18	19	20	21	22	23
24	25	26	27	28	29	30

14 MONDAY

Columbus Day (observed)

Thanksgiving (Canada)

15 TUESDAY

16 WEDNESDAY

17 THURSDAY

18 FRIDAY

○ FULL MOON

19 SATURDAY

20 SUNDAY

Notes

Phainopepla

October

SEPTEMBER						
S	M	T	W	T	F	S
1	2	3	4	5	6	7
8	9	10	11	12	13	14
15	16	17	18	19	20	21
22	23	24	25	26	27	28
29	30					

NOVEMBER						
S	M	T	W	T	F	S
					1	2
3	4	5	6	7	8	9
10	11	12	13	14	15	16
17	18	19	20	21	22	23
24	25	26	27	28	29	30

21 MONDAY

22 TUESDAY

23 WEDNESDAY

24 THURSDAY

25 FRIDAY

26 SATURDAY

27 SUNDAY

Notes

Ovenbird

October/November

OCTOBER						
S	M	T	W	T	F	S
		1	2	3	4	5
6	7	8	9	10	11	12
13	14	15	16	17	18	19
20	21	22	23	24	25	26
27	28	29	30	31		

DECEMBER						
S	M	T	W	T	F	S
1	2	3	4	5	6	7
8	9	10	11	12	13	14
15	16	17	18	19	20	21
22	23	24	25	26	27	28
29	30	31				

28 MONDAY — Labour Day (New Zealand)

29 TUESDAY

30 WEDNESDAY

31 THURSDAY — Halloween

1 FRIDAY — All Saints' Day

2 SATURDAY

3 SUNDAY — Daylight Saving ends

● NEW MOON

Notes

November 2013

OCTOBER						
S	M	T	W	T	F	S
		1	2	3	4	5
6	7	8	9	10	11	12
13	14	15	16	17	18	19
20	21	22	23	24	25	26
27	28	29	30	31		

DECEMBER						
S	M	T	W	T	F	S
1	2	3	4	5	6	7
8	9	10	11	12	13	14
15	16	17	18	19	20	21
22	23	24	25	26	27	28
29	30	31				

MONTH OVERVIEW

SUNDAY	MONDAY	TUESDAY	WEDNESDAY	THURSDAY	FRIDAY	SATURDAY
27	28	29	30	31	1 All Saints' Day	2
3 Daylight Saving ends ● New Moon	4	5 Election Day	6	7	8	9
10 Remembrance Sunday (UK)	11 Veterans Day Remembrance Day (Can., Austrl., NZ)	12	13	14	15	16
17 ○ Full Moon	18	19	20	21	22	23
24	25	26	27 Hanukkah begins at sundown	28 Thanksgiving	29	30

Notes

Pine Warbler

November

4 MONDAY

5 TUESDAY

Election Day

6 WEDNESDAY

7 THURSDAY

8 FRIDAY

9 SATURDAY

10 SUNDAY

Remembrance Sunday (UK)

OCTOBER

S	M	T	W	T	F	S
		1	2	3	4	5
6	7	8	9	10	11	12
13	14	15	16	17	18	19
20	21	22	23	24	25	26
27	28	29	30	31		

DECEMBER

S	M	T	W	T	F	S
1	2	3	4	5	6	7
8	9	10	11	12	13	14
15	16	17	18	19	20	21
22	23	24	25	26	27	28
29	30	31				

Notes

Tufted Titmouse

November

11 MONDAY
Veterans Day
Remembrance Day (Can., Austrl., NZ)

12 TUESDAY

13 WEDNESDAY

14 THURSDAY

15 FRIDAY

16 SATURDAY

17 SUNDAY
○ FULL MOON

OCTOBER

S	M	T	W	T	F	S
		1	2	3	4	5
6	7	8	9	10	11	12
13	14	15	16	17	18	19
20	21	22	23	24	25	26
27	28	29	30	31		

DECEMBER

S	M	T	W	T	F	S
1	2	3	4	5	6	7
8	9	10	11	12	13	14
15	16	17	18	19	20	21
22	23	24	25	26	27	28
29	30	31				

Notes

Rose-breasted Grosbeak

November

OCTOBER						
S	M	T	W	T	F	S
		1	2	3	4	5
6	7	8	9	10	11	12
13	14	15	16	17	18	19
20	21	22	23	24	25	26
27	28	29	30	31		

DECEMBER						
S	M	T	W	T	F	S
1	2	3	4	5	6	7
8	9	10	11	12	13	14
15	16	17	18	19	20	21
22	23	24	25	26	27	28
29	30	31				

18 MONDAY

19 TUESDAY

20 WEDNESDAY

21 THURSDAY

22 FRIDAY

23 SATURDAY

24 SUNDAY

Notes

Pine Siskin

November/ December

NOVEMBER						
S	M	T	W	T	F	S
					1	2
3	4	5	6	7	8	9
10	11	12	13	14	15	16
17	18	19	20	21	22	23
24	25	26	27	28	29	30

JANUARY 2014						
S	M	T	W	T	F	S
			1	2	3	4
5	6	7	8	9	10	11
12	13	14	15	16	17	18
19	20	21	22	23	24	25
26	27	28	29	30	31	

25 MONDAY

26 TUESDAY

27 WEDNESDAY

Hanukkah begins at sundown

28 THURSDAY

Thanksgiving

29 FRIDAY

30 SATURDAY

1 SUNDAY

Notes

December 2013

MONTH OVERVIEW

NOVEMBER						
S	M	T	W	T	F	S
					1	2
3	4	5	6	7	8	9
10	11	12	13	14	15	16
17	18	19	20	21	22	23
24	25	26	27	28	29	30

JANUARY 2014						
S	M	T	W	T	F	S
			1	2	3	4
5	6	7	8	9	10	11
12	13	14	15	16	17	18
19	20	21	22	23	24	25
26	27	28	29	30	31	

SUNDAY	MONDAY	TUESDAY	WEDNESDAY	THURSDAY	FRIDAY	SATURDAY
1	2 ● NEW MOON	3	4	5	6	7 Pearl Harbor Day
8	9	10	11	12	13	14
15	16	17 ○ FULL MOON	18	19	20	21 Winter Solstice
22	23	24	25 Christmas	26 Boxing Day (Can., UK, Austrl., NZ) Kwanzaa begins	27	28
29	30	31	1	2	3	4

Notes

Northern Cardinal

December

2 Monday
● New Moon

3 Tuesday

4 Wednesday

5 Thursday

6 Friday

7 Saturday
Pearl Harbor Day

8 Sunday

NOVEMBER

S	M	T	W	T	F	S
					1	2
3	4	5	6	7	8	9
10	11	12	13	14	15	16
17	18	19	20	21	22	23
24	25	26	27	28	29	30

JANUARY 2014

S	M	T	W	T	F	S
			1	2	3	4
5	6	7	8	9	10	11
12	13	14	15	16	17	18
19	20	21	22	23	24	25
26	27	28	29	30	31	

Notes

Black-capped Chickadee

December

9 MONDAY

10 TUESDAY

11 WEDNESDAY

12 THURSDAY

13 FRIDAY

14 SATURDAY

15 SUNDAY

NOVEMBER

S	M	T	W	T	F	S
					1	2
3	4	5	6	7	8	9
10	11	12	13	14	15	16
17	18	19	20	21	22	23
24	25	26	27	28	29	30

JANUARY 2014

S	M	T	W	T	F	S
			1	2	3	4
5	6	7	8	9	10	11
12	13	14	15	16	17	18
19	20	21	22	23	24	25
26	27	28	29	30	31	

Notes

Northern Mockingbird

December

16 MONDAY

17 TUESDAY ○ FULL MOON

18 WEDNESDAY

19 THURSDAY

20 FRIDAY

21 SATURDAY Winter Solstice

22 SUNDAY

NOVEMBER

S	M	T	W	T	F	S
					1	2
3	4	5	6	7	8	9
10	11	12	13	14	15	16
17	18	19	20	21	22	23
24	25	26	27	28	29	30

JANUARY 2014

S	M	T	W	T	F	S
			1	2	3	4
5	6	7	8	9	10	11
12	13	14	15	16	17	18
19	20	21	22	23	24	25
26	27	28	29	30	31	

Notes

Eastern Bluebird

December

NOVEMBER						
S	M	T	W	T	F	S
					1	2
3	4	5	6	7	8	9
10	11	12	13	14	15	16
17	18	19	20	21	22	23
24	25	26	27	28	29	30

JANUARY 2014						
S	M	T	W	T	F	S
			1	2	3	4
5	6	7	8	9	10	11
12	13	14	15	16	17	18
19	20	21	22	23	24	25
26	27	28	29	30	31	

23 MONDAY

24 TUESDAY

25 WEDNESDAY

Christmas

26 THURSDAY

Boxing Day
(Can., UK, Austrl., NZ)

Kwanzaa begins

27 FRIDAY

28 SATURDAY

29 SUNDAY

Notes

December 2013/ January 2014

30 MONDAY

31 TUESDAY

1 WEDNESDAY

New Year's Day 2014

2 THURSDAY

3 FRIDAY

4 SATURDAY

5 SUNDAY

NOVEMBER

S	M	T	W	T	F	S
					1	2
3	4	5	6	7	8	9
10	11	12	13	14	15	16
17	18	19	20	21	22	23
24	25	26	27	28	29	30

JANUARY 2014

S	M	T	W	T	F	S
			1	2	3	4
5	6	7	8	9	10	11
12	13	14	15	16	17	18
19	20	21	22	23	24	25
26	27	28	29	30	31	

Notes

2014 Year-At-A-Glance

JANUARY

S	M	T	W	T	F	S
			1	2	3	4
5	6	7	8	9	10	11
12	13	14	15	16	17	18
19	20	21	22	23	24	25
26	27	28	29	30	31	

FEBRUARY

S	M	T	W	T	F	S
						1
2	3	4	5	6	7	8
9	10	11	12	13	14	15
16	17	18	19	20	21	22
23	24	25	26	27	28	

MARCH

S	M	T	W	T	F	S
						1
2	3	4	5	6	7	8
9	10	11	12	13	14	15
16	17	18	19	20	21	22
23	24	25	26	27	28	29
30	31					

APRIL

S	M	T	W	T	F	S
		1	2	3	4	5
6	7	8	9	10	11	12
13	14	15	16	17	18	19
20	21	22	23	24	25	26
27	28	29	30			

MAY

S	M	T	W	T	F	S
				1	2	3
4	5	6	7	8	9	10
11	12	13	14	15	16	17
18	19	20	21	22	23	24
25	26	27	28	29	30	31

JUNE

S	M	T	W	T	F	S
1	2	3	4	5	6	7
8	9	10	11	12	13	14
15	16	17	18	19	20	21
22	23	24	25	26	27	28
29	30					

JULY

S	M	T	W	T	F	S
		1	2	3	4	5
6	7	8	9	10	11	12
13	14	15	16	17	18	19
20	21	22	23	24	25	26
27	28	29	30	31		

AUGUST

S	M	T	W	T	F	S
					1	2
3	4	5	6	7	8	9
10	11	12	13	14	15	16
17	18	19	20	21	22	23
24	25	26	27	28	29	30
31						

SEPTEMBER

S	M	T	W	T	F	S
	1	2	3	4	5	6
7	8	9	10	11	12	13
14	15	16	17	18	19	20
21	22	23	24	25	26	27
28	29	30				

OCTOBER

S	M	T	W	T	F	S
			1	2	3	4
5	6	7	8	9	10	11
12	13	14	15	16	17	18
19	20	21	22	23	24	25
26	27	28	29	30	31	

NOVEMBER

S	M	T	W	T	F	S
						1
2	3	4	5	6	7	8
9	10	11	12	13	14	15
16	17	18	19	20	21	22
23	24	25	26	27	28	29
30						

DECEMBER

S	M	T	W	T	F	S
	1	2	3	4	5	6
7	8	9	10	11	12	13
14	15	16	17	18	19	20
21	22	23	24	25	26	27
28	29	30	31			

Important Dates to Remember for 2014

JANUARY 2014

FEBRUARY 2014

MARCH 2014

APRIL 2014

MAY 2014

JUNE 2014

JULY 2014

AUGUST 2014

SEPTEMBER 2014

OCTOBER 2014

NOVEMBER 2014

DECEMBER 2014

Contacts

NAME	CONTACT INFORMATION

Contacts

NAME	CONTACT INFORMATION

Contacts

NAME	CONTACT INFORMATION

Contacts

NAME	CONTACT INFORMATION

Notes

Notes

Published by Sellers Publishing, Inc.
161 John Roberts Road, South Portland, Maine 04106
For ordering information:
Phone: (800) MAKE-FUN (625-3386) Fax: (207) 772-6814
Visit our Web site: www.makefun.com E-mail: rsp@rsvp.com
Canadian Stores contact: Jannex (905) 284-8484

ISBN 13: 978-1-4162-9009-4

Printed in China with soy-based inks.

Astronomical information is in Eastern Standard Time.
Key to abbreviations: United States (US), Canada (Can.), United Kingdom (UK), Australia (Austrl.), New Zealand (NZ), New South Wales (NSW)